Luzides Träumen und Traumdeutung für Anfänger

Wie Sie Schritt für Schritt das luzide Träumen erlernen, Ihren ersten Klartraum erleben und die gesehenen Traumsymbole richtig deuten

Mara Bronn

INHALT

Das erwartet Sie in diesem Ratgeber

Träumen Sie konfuse Dinge, beispielsweise von fliegenden Elefanten, die Sie durch eine Fantasiewelt führen, in der Sie womöglich noch der Held sind? Oder plagen Sie Alltagssorgen und Stress, die Sie in Ihren Träumen verfolgen? Im Traum ist alles anders, Zeit, Orte und Dinge verhalten sich anders als in der Realität. Dieser Ratgeber soll Ihnen dabei helfen, Ihre Träume zu bestimmen. Die Rede ist von **luziden Träumen**. Das **Klarträumen** zeigt Ihnen auf, wie Sie der Regisseur in Ihrem eigenen Traum werden können. Mit nützlichen Techniken, die in diesem

Ratgeber vorgestellt werden, können Sie gezielt Ihre Achtsamkeit und Aufmerksamkeit trainieren, um somit gelassener und stressfreier in den Tag zu starten. Schritt für Schritt werden die unterschiedlichen Lernmethoden dargestellt, damit Sie im Alltag in der Lage sind, diese anzuwenden. Ihr Wohlbefinden kann sich durch luzides Träumen steigern, die Kreativität wird verbessert, ebenso die Leistungs- und Konzentrationsfähigkeit, was sich wiederum positiv auf Ihre Gesundheit auswirkt. Denn, wer möchte schon gern nachts durch Alpträume wandeln und schweißgebadet aufwachen? Sie erfahren außerdem, was Sport und luzides Träumen gemeinsam haben, welche Rolle die Einnahme von Substanzen spielt und wie luzide Träume die Wissenschaft und die Psychologie beeinflussen. Ein Kapitel handelt außerdem von der Traumdeutung: Welche Botschaften wollen uns die Traumzeichen bei der Traumdeutung mitteilen?

Was sind luzide Träume?

„L uzid" kommt aus dem lateinischen und heißt „klar", deshalb spricht man zu Deutsch auch vom Klarträumen. Wichtiges Merkmal hierbei: Der Träumende weiß, dass er momentan träumt, und ist sich bewusst darüber. Er kann seinen Traum steuern und das Erlebte beeinflussen. Sie können zum Beispiel bestimmen, ob Sie schon immer einmal ein Date mit Brad Pitt arrangieren wollen oder als Oberhaupt ein Land regieren möchten. Ein anderes Kriterium des Klarträumens ist, sich das „wache" Leben ins Gedächtnis zu rufen und die Entscheidungsfreiheit in Ihrem Traum übernehmen zu können. Auch die bewusste Einflussnahme auf die Situation ist ein Merkmal für den luziden Traum. Außerdem können Sie sich, wenn Sie wieder aufwachen, an Ihren geführten Traum erinnern. Leider sind Klarträume sehr selten, die Zahl schwankt zwischen 0,3 % bis 1 %, aber ca. 25 % haben schon einmal Erfahrungen damit gemacht.

Schon gewusst?

• Wussten Sie, dass wir ein Drittel unseres Lebens mit Schlafen verbringen? Das sind im Durchschnitt 25 Jahre.

• Laut einer britischen Studie haben mehr als die Hälfte der Erwachsenen mindestens einmal in ihrem Leben luzid geträumt.

• Etwa einmal im Monat klargeträumt, fand sogar bei einem Viertel aller Menschen statt (Stand: Oktober 2017).

• Menschen, die die Kunst des luziden Träumens beherrschen, nennt man „**Oneironauten**", weil sie wie ein Seefahrer bewusst ihre Träume durch das Traumgeschehen navigieren können.

• Bekannte Persönlichkeiten nutzen schon seit Jahrhunderten den Klartraum, wie zum Beispiel Albert Einstein: Im luziden Traum entdeckte er die Relativitätstheorie. Oder der weltberühmte Komponist Wolfgang

Amadeus Mozart: Er soll im Traum ganze Sinfonien komponiert haben. James Cameron erträumte sich den Blockbuster „Avatar", der weltweit zu einem Kassenschlager wurde. Selbst in der Antike wurden luzide Träume bereits angewendet. Aristoteles soll sich bereits im Schlaf bewusstgeworden sein, dass er sich im luziden Traum befand.

URSPRUNGSLAND TIBET UND DAS TRAUMYOGA

Ursprünglich stammt luzides Träumen aus Tibet, dem Land des Dalai-Lama. In der buddhistischen Lehre ist die Rede von Traumyoga, die Bewusstseinserweiterung auf der Traumebene. Der Unterschied zum westlichen Klarträumen gegenüber dem buddhistischen Traumyoga besteht darin, dass die praktische Übung als Weg zur Erleuchtung dienen kann. Im Traum zu meditieren, Belehrungen zu empfangen, sich mit der Sinnhaftigkeit der Natur in Einklang zu bringen, ist ein anderer Ansatz als der westliche Stil. Hierbei spielen die Ausrichtung und Motivation im Buddhismus eine Rolle und nicht die Methoden an sich. Traumyoga ist eine Erweiterung auf spiritueller Ebene, die Lehre nach Buddha, um den Traum bewusst wahrzunehmen. Eine der Praktiken, die im Ratgeber vorgestellt werden, hat ihren Ursprung im Traumyoga, die Rede ist von der WILD-Technik. Doch, dazu später mehr.

INCEPTION – DER FILM

Spätestens seit dem Blockbuster „Inception" aus dem Jahre 2010, mit Leonardo DiCaprio in der Hauptrolle, stieg das Interesse an luziden Träumen und der Technik, diese zu erlernen. Der Film handelt von Dom Cobb, ein Dieb, der das Meisterwerk der Extraktion (das Herausziehen) nach allen Regeln der Kunst versteht. Er versucht, in die Traumebene der anderen Person einzudringen, um wichtige Informationen und Gedanken zu stehlen. Durch eine speziell entwickelte Maschine, an die er sich anschließt, und der Einnahme von Narkotika kann er jederzeit auf unterschiedliche Traumebenen seiner Opfer zugreifen und die Gedanken entziehen. Ein gefährliches Spiel. Auch der Konflikt und die bewusste Manipulation seiner Ehefrau, gespielt von Marion Cotillard, spielen in „Inception" eine große Rolle. Der Klartraum zieht sich wie ein roter Faden durch den gesamten Film. Realität oder Wirklichkeit? Nur mithilfe eines Kreisels weiß Cobb noch, in welchem Bewusstseinszustand er sich gerade befindet.

Aber nicht nur „Inception" beschäftigt sich mit dieser Thematik. Daneben gibt es noch Filme wie „Lucid Dream" (2017), „Sieben Minuten nach Mitternacht" (2016), „Walking Life" (2001), „Vanilla Sky" (2001) oder „Virtual Nightmare – Open your Eyes" (1997), um nur ein paar zu nennen.

Warum träumen wir?

Wissenschaftler und Forscher sind sich noch im Unklaren, warum der Mensch überhaupt träumt. Fakt ist aber, dass im Traum erlebte Situationen aus dem Alltag verarbeitet werden, egal, ob positive oder negative. Im Traum erleben Sie genauso Emotionen und Gefühle wie im wachen Zustand. Diese Gefühle können im Traum viel intensiver sein, weshalb die Gefühle bis tief ins Unterbewusstsein eindringen. Die Amygdala, ein Teil des limbischen Systems im Gehirn, sorgt dafür, dass Emotionen entstehen. Im Traum ist die Amygdala viel aktiver als im wachen Zustand. Manche Wissenschaftler verfolgen den Ansatz, dass sich im Traum erlebte Situation mit neuen Informationen mischten, die noch nicht verarbeitet wurden. Erlebnisse, die noch nicht passiert sind, baut der Träumende in seine Geschehnisse ein. Dies können auch die verrücktesten Geschichten sein: Sie tauchen in eine Unterwasserwelt ab und suchen einen verschollenen Schatz. Im Wachzustand denkt der Mensch logisch, im Traum ist das Gedankenkonstrukt eher unlogisch, ergibt oft keinen Sinn. Eine evolutionspsychologische Behauptung der Wissenschaftler ist die These, dass der Mensch sich im Traum in einem Trainingslager befindet, in dem er auch mit gefährlichen Situationen konfrontiert wird. Träume können autobiografische Gedanken sein, erzeugt durch Gespräche mit anderen Personen, Tätigkeiten oder Sorgen im Leben.

WARUM GERÄT DER TRAUM IN VERGESSENHEIT?

Können Sie sich an jeden Traum erinnern? Oder sind Sie der festen Überzeugung, gar nicht geträumt zu haben? Im Durchschnitt träumt der Mensch vier bis sechsmal in der Nacht. Jede Nacht träumt der Mensch, was die physiologische Traumforschung wissenschaftlich belegen kann. Oft wird das Geträumte aber vergessen und Sie können sich am nächsten Morgen nicht mehr daran erinnern oder nur bruchstückhaft einzelne Teile zusammensetzen. Menschen, die jedoch nachts öfters wach werden, haben ein besseres Traumgedächtnis. Ca. 15 Minuten braucht das Gehirn, bis es realisiert, dass es im Wachzustand wieder „einsatzbereit" ist, deshalb prägt sich der Traum besser in das Gedächtnis ein.

Der amerikanische Schlafforscher Allan Hobson stellte die Theorie auf, dass der Mensch den Neurotransmitter Acetylcholin braucht, um träumen zu können. Für das Erinnerungsvermögen brauchen wir aber Adrenalin. Acetylcholin steht für Entspannung und hebt sozusagen die Wirkung des Adrenalins auf, deshalb können wir uns öfter nicht an den Traum erinnern. Fazit: Allan Hobson ist der Meinung, Träume sind das Resultat eines „Neuronenfeuers", das nach dem Aufwachen in Vergessenheit gerät. „Träume sind also Schäume", mit anderen Worten!

LUZIDE TRÄUME UND DIE REM-PHASE

Am häufigsten passieren Klarträume in der **Rapid-Eye-Movement-Phase, der REM-Phase**. Diese Phase tritt oft am frühen Morgen in langen Zeiträumen auf. Vier- bis fünfmal kann die REM-Phase stattfinden. Man erkennt sie daran, dass sich die Augen schnell hin und her bewegen. Bei gesunden Menschen sind die sogenannten Skelettmuskeln in der Schlafphase im Körper ganz entspannt, sodass es den Anschein erweckt, sie wären gelähmt; die einzige Ausnahme ist die Augenmuskulatur. Der Körper ist in dieser Phase sehr aktiv: Die Atmung, der Blutdruck und der Puls steigen, die Hirnaktivität wird ebenfalls erhöht, die Werte ähneln denen des Wachzustands. Wussten Sie, dass der Körper in diesem Zustand fast genauso viele Kalorien verbraucht wie im Ruhezustand am Tag? Während der ganze Körper sehr aktiv ist, bleiben die Muskeln jedoch weiterhin inaktiv.

Wacht der Schlafende in dieser Phase auf, fühlt sich das gerade stattgefundene Erlebnis so real an, als wäre er gerade hautnah dabei gewesen. Das Gehirn ist im REM-Schlaf nämlich ähnlich wie im wachen Zustand vernetzt. Die REM-Phase bezeichnet man deshalb nicht umsonst als „Traumschlaf" oder „paradoxen Schlaf".

Dass diese Methode überhaupt entdeckt wurde, verdanken wir den Neurowissenschaftlern Eugène Aserinksy und Nathaniel Kleitman. 1953 stießen sie an der University of Chicago auf die „Rapid-Eye-Movement-Methode". Sie fanden in ihren Forschungen heraus, dass nur etwa 20 Prozent die Tiefschlafphase ausmachen, die restlichen 80 Prozent durchlebt der Schlafende eine traumlose Non-REM-Phase. Aserinsky bemerkte diesen Prozess zuerst bei seinem eigenen Sohn, was sein Interesse nur noch steigerte. Kindern fällt es wesentlich leichter, sofort in die REM-Phase zu fallen, doch dazu mehr in einem anderen Kapitel.

Der amerikanische Psychologe Stephen LaBerge ist ebenfalls führender Forscher auf dem Gebiet des Klarträumens. Mit seiner Doktorarbeit konnte er belegen, dass es sich beim luziden Träumen nicht um ein Phänomen handelt, sondern es wissenschaftliche Erkenntnisse dafür gibt. Die REM-Schlaf-Testreihe führte er an seiner eigenen Person im Schlaflabor durch. Er beobachtete seine Augenbewegungen und schaffte es durch vereinbarte Signale, seine Augen gezielt hin und her zu bewegen, während er sich in der REM-Phase befand.

Der Mensch durchläuft in der Nacht mehrere Schlafphasen. Sie setzen sich zusammen aus der leichten, mittleren, der Tiefschlaf- und der besagten REM-Phase. Ähnlich wie beim Einschlafen verhält sich die elektrische Gehirnaktivität. Der Schlafzyklus variiert, im Durchschnitt lässt sich aber festhalten, dass er ca. 90 Minuten anhält. Je nachdem, in welcher Phase Sie sich gerade befinden, fühlen Sie sich wacher oder schläfriger, wenn Sie geweckt werden. Die Wissenschaft ist sich bis heute aber noch uneinig darüber, warum der Mensch die einzelnen Schlafphasen mehrmals erlebt. Fakt ist: Während Sie schlafen, ist der Körper immer noch in einer Weise aktiv, das Gehirn übernimmt weiterhin die Steuerung einzelner Abläufe und die Hormone erledigen ihre Arbeit.

WAS TRÄUMT DER MENSCH?

Statistisch gesehen handeln neun von zehn Träumen von der eigenen Person. Sie spielen den Hauptcharakter, denn schließlich ist es Ihr Traum. Zudem zeichnen sich typische Traumbilder ab. In einer wissenschaftlichen Umfrage, die an drei kanadischen Universitäten bei den Studierenden durchgeführt wurde, fanden die Forscher heraus, dass sich die Traummuster wiederholten. Die Träume handelten von typischen Schulsituationen, das Fallen ins Bodenlose und intimen, sexuellen Handlungen. Diese Studie wurde weltweit angewendet – mit denselben Ergebnissen. Wobei man bei der Studie zwischen Frauen und Männern differenzieren musste. Während Frauen eher von sozialen Erlebnissen träumen, drehen sich die Träume bei Männern vermehrt um Berufsleben, Beziehungen, Familie und sexuelle Fantasien.

Oft wiederholen sich Träume, immer wieder durchlebt man dieselbe Situation, wie in einem Déjà-vu. Das kennen Sie bestimmt auch. Es sind meist belastende Situationen aus dem Alltag, zum Beispiel Versagensängste, Konflikte auf der Arbeit oder im Familien- und Freundeskreis. Setzt man sich im Wachzustand mit der Angst auseinander und findet eine Lösung für das Problem, dann kann auch der Traum auf Dauer verschwinden.

BESSERES TRÄUMEN DURCH LUZIDES TRÄUMEN

Doch würden Sie sich nicht viel besser am nächsten Morgen fühlen, wenn Sie die Kontrolle über Ihre Träume hätten? Anstatt mit einem unguten und beängstigenden Gefühl in der Magengegend aufzuwachen, weil Sie wieder einmal ein Alptraum geplagt hat? Im schlimmsten Fall können Alpträume Herzprobleme, starke Angstzustände, chronische Müdigkeit oder kognitive Defizite hervorrufen, wenn sich die Alpträume dauerhaft manifestieren. Es wäre doch viel schöner, mit einem Glücksgefühl in den Tag zu starten. Womit wir auch schon beim nächsten Kapitel wären.

Die Bedeutung des Klarträumens in der Psychologie

Die österreichische Psychologin Brigitte Holzinger geht der Frage nach, inwieweit luzides Träumen bei Alpträumen Abhilfe schaffen kann. Sie ist eine Koryphäe auf ihrem Gebiet, beschäftigt sich seit vielen Jahren mit Alptraum-Patienten, forscht intensiv im Bereich der Klartraum-Methode. In Vorträgen über die Problematiken der Schlafstörungen gibt sie ihr Wissen preis, um anderen Menschen mit luziden Traumtherapien helfen zu können.

In ihren Büchern über Schlafstörungen, „Der luzide Traum" und „Alpträume – was sie uns sagen und wie wir sie verändern können", schrieb sie ihre Kenntnisse nieder, um Betroffenen eine erste Anlaufstelle geben zu können.

Die Leiterin des Instituts für Bewusstseins- und Traumforschung in Wien therapiert seit vielen Jahren schwer traumatisierte Menschen. Unter ihren Klienten befanden sich Patienten mit Einschlafproblemen, die Angst vor dem nächtlichen Einschlafen hatten, was auf den darauffolgenden Alpträumen basierte. In Therapiegesprächen und Seminaren erklärte sie ihren Patienten, wie die Klartraum-Technik funktioniert. Nur durch das Gespräch zu erfahren, dass die Patienten mit ihrer Problematik nicht allein gelassen wurden, half ihnen schon.

Das Ungewöhnliche: Bei Patienten mit Alpträumen wird die Therapie im wachen Zustand durchgeführt, eine Methode ist die „Image Rehearsal Therapie" von Barry Krakow.

DIE „IMAGE REHEARSAL THERAPIE"

Ziel dieser Behandlung ist es, aus dem negativen Erlebnis, dem Alptraum, ein positives Ergebnis zu erschaffen – und das bei vollem Bewusstsein der Klienten. In ausführlichen Therapiegesprächen versucht der Therapeut mit seinem Klienten, die schwer belastende Situation im Traum herauszuarbeiten. Diese negativen Gefühle sollen dann durch positive Inhalte ersetzt werden. Der Grundkern des Traumes soll natürlich erhalten bleiben, weil er die Rahmenbedienungen bildet. Die belastenden Inhalte werden bereinigt, damit das Angstgedächtnis überschrieben werden kann und mit schönen Sequenzen neu gefüllt wird. Je größer die Verknüpfung zwischen altem und neuem Traum, umso mehr Erfolg verspricht das „Überschreibungsprogramm", den Traum zu einem „Happy End" werden zu lassen. In der Therapie ist also seitens des Klienten Kreativität gefragt, um die negativen Traumgefühle in positive umzuprogrammieren.

KLARTRÄUMEN ZUR MINDERUNG DER ALPTRÄUME

Haben Sie Probleme mit dem Einschlafen oder sogar schlimme Alpträume und Angstzustände? Ca. vier von fünf Patienten, die an posttraumatischen Belastungsstörungen leiden, quälen sich auch mit Alpträumen. Die Lebensqualität nimmt ab, die Betroffenen leiden auch tagsüber an den Folgen. Um diese Angststörung mit der luziden Traumtechnik in den Griff zu bekommen, bedarf es therapeutischer Hilfe, wie im oben genannten Kapitell bereits erwähnt. Patienten mit Depressionen kann mit der Klartraum-Therapie ebenso geholfen werden.

Teilnehmer einer Wiener Untersuchungsgruppe nahmen einmal wöchentlich an einer Gestaltungstherapie teil. Außerdem erlernten sie die Techniken des Klarträumens. Als Ergebnis ließ sich festhalten: Die häufigen Alpträume hatten sich verringert, ebenso wie die Schlafqualität sich bedeutsam verbesserte. Teilnehmer, die die Klartraum-Methode erlernen konnten, erbrachten jedoch noch bessere Ergebnisse, die auch nachhaltiger waren.

Kinder und luzide Träume

Kinder beherrschen noch von allein die Fähigkeiten des Klarträumens. Sie erzählen oft von Schlaferlebnissen, in denen sie bewusst wissen, dass sie geträumt haben. Kinder besitzen noch mehr Einfluss, können aktiv ihre Traumverläufe mitgestalten. Jedes zweite Kind zwischen sechs und vierzehn Jahren hat luzide Träume. Leider geht diese Fähigkeit mit zunehmenden Alter verloren, bis nur noch wenig von der Technik vorhanden oder ganz verschwunden ist. Der amerikanische Forscher J. Allan Hobson und die Frankfurterin Ursula Voss stellten die

These auf, dass das kindliche Gehirn sich noch im Wachstumsprozess befindet, insbesondere das Frontalhirn, weshalb Kinder besser in der Lage sind, klar zu träumen als ein Erwachsener. Neurobiologische Befunde untermauern die These zum REM-Schlafen allgemein. Das Frontalhirn ist in der REM-Phase um einiges aktiver, weshalb es sich vom nicht luziden Träumen unterscheidet. Außerdem sorgen die frontalen Bereiche dafür, dass der Mensch zu kognitiven Leistungen fähig ist, sein Arbeitsgedächtnis nicht eingeschränkt ist und sein Urteilsvermögen funktioniert.

Das sagt die Wissenschaft über den Klartraum

Seit Jahrzehnten beschäftigen sich die Wissenschaftler mit dem Phänomen des luziden Träumens. Früher noch als spiritueller Unfug abgetan, erleben luzide Träume inzwischen einen regelrechten Boom, auch in der Wissenschaft. Renommierte Wissenschaftler versuchen, dem Klarträumen auf den Grund zu gehen. Sei es durch Experimente in Schlaflaboren oder Befragung der Probanden für Studienzwecke. Eindeutige Ergebnisse lieferten Forschungen im

Bereich der REM-Phase: Es ließen sich Veränderungen während der luziden REM-Phase im Vergleich zur normalen REM-Phase feststellen. Auch ließ sich in einem Experiment mit schlafenden Probanden durch Messung der Augenbewegung das parallele Vorhandensein von Bewusstsein und Tiefschlaf nachweisen. Der Psychologe Stephen LaBerge war der Erste, der auf diesem Gebiet nachweislich während eines Experiments im Schlaflabor die Augenbewegungen der schlafenden Probanden maß und wissenschaftliche Erkenntnisse dazu lieferte. Seine Tests fanden in den 1970er-Jahren statt.

WAS HABEN KLARTRÄUME MIT DEN GAMMAWELLEN ZU TUN?

Auch in der Universitätsklinik in Göttingen beschäftigte man sich intensiv mit dem Klarträumen und machte bei einem Experiment im Schlaflabor bei den Teilnehmern eine außerordentliche Entdeckung: Durch gezielte Stimulation mit Elektroden im Gehirn konnte das Klarträumen ausgelöst werden. Das Interessante dabei: Alle Probanden hatten noch keinerlei Erfahrung mit luziden Träumen. Es stellte sich heraus, dass bei einer Frequenz zwischen 25 und 40 Hertz das

Gehirn reagierte und stimuliert wurde. Im sogenannten Stirnhirn war der Effekt am größten – es traten verstärkt Wellen im Gamma-Frequenzband auf.

Der Gammawellenbereich ist zwischen 38 und 100 Hz angeordnet. Menschen, die mystische und transzendenten Erfahrungen gemacht haben, kennen das Gefühl, wenn sie sich in einem anderen Schwingungsbereich befinden. Dies kann zum Beispiel durch intensive, geführte Mediationen der Fall sein und bis hin zum Verlust des ICH-Gefühls führen.

Bis heute weiß man noch sehr wenig über diesen Bereich des Gehirns. Bisher gewann man nur die Erkenntnis darüber, dass eine bestimmte Schwingung in diesem Gammawellenbereich etwas auslöst, was dem Klarträumen zugutekommt.

PAUL THOLEY UND DAS KLARTRÄUMEN

Der verstorbene Psychologe, Sportwissenschaftler und Traumforscher Paul Tholey war ebenso wie der Psychologe Stephen LaBerge einer der Ersten, der sich in Deutschland mit der wissenschaftlichen Thematik des Klarträumens befasste. Durch ihn wurde der Begriff „Klarträumen" maßgeblich geprägt. Er erstelle sieben

Definitionen, die wie folgt lauten:

Klarheit über den Bewusstseinszustand, Klarheit über das Wachsein, Klarheit des Bewusstseins, Klarheit über die Entscheidungsfreiheit, Klarheit der Wahrnehmung, Klarheit an die Erinnerung des Traumes, Klarheit über den Sinn des Traumes.

Daneben verfolgte er noch einen anderen Ansatz: Paul Tholey, der nicht nur Psychologe, sondern auch Sportwissenschaftler war, beschäftigte sich mit der Frage, inwieweit das Klarträumen im Sportbereich förderlich sein und im Leben zu besseren Sportergebnissen führt. In Selbststudien trainierte er im Traum bestimmte Bewegungsabläufe stets aufs Neue und kam zu dem Ergebnis, dass seine Leistungen sich in der Realität wesentlich verbesserten. Er schrieb zahlreiche Bücher über seine Erkenntnisse, die im Handel erhältlich sind.

PROFITIEREN SPORTLER VOM LUZIDEN TRÄUMEN?

Doch kann man den sportlichen Erfolg messbar festhalten? Der Sport- und Schlafwissenschaftler Daniel Erlacher (praktiziert an der Universität Bern) wollte der Sache ebenfalls auf den Grund gehen. Inwiefern ist die Motorik in Träumen oder vor Wettkämpfen tatsächlich wissenschaftlich nachweisbar? Im Jahr 2015 legten er und sein Kollege Tadas Stumbrys eine Fallstudie an. 68 Teilnehmer sollten eine wiederholende Tastenkombination im Traum trainieren. Die erste Gruppe übte die Abfolge im Wachzustand physisch, die Zweite nur per Gedankenübertragung und die dritte Gruppe im luziden Traum. Nun, was glauben Sie, wie das Ergebnis ausfiel? Die Gruppe, die im wachen Zustand übte, steigerte ihre Leistung genauso wie die Teilnehmer, die im Klartraum übten. Da die Studie nur klein gehalten war, konnte Daniel Erlacher damit keine repräsentativen Ergebnisse für die Allgemeinheit liefern. „Wir müssen erst einmal Leute finden, die gut klarträumen können", sagt Erlacher. „Und die müssen dann Lust haben, zu uns ins Schlaflabor zu kommen." Luzides Träumen ist eine Kunst für sich. Oder würden Sie es auf Anhieb schaffen, in einem

Schlaflabor bewusst Ihren eigenen Traum zu starten? Eine weitere Übung, die Daniel Erlacher testen wollte, war, im Schlaf auf eine Dartscheibe zu zielen. Solche komplexen Aufgaben schaffen nur die wenigsten Menschen.

LUZIDER TRAUM, ODER NICHT?

Ob und wie man erkennt, ob sich der Schlafende in einem Klartraum befindet, lässt sich während der besagten REM-Phase feststellen. Die Versuchspersonen in den Schlaflaboren werden in der REM-Phase geweckt. Anhand ihrer Aussagen lässt sich erschließen, dass Menschen auch in den anderen Schlafphasen träumen. Jedoch sind die Träume in der REM-Phase am intensivsten. Diese These widerlegt nun die Aussage der beiden Neurowissenschaftler Aserinksy und Kleitman. Sie gingen davon aus, dass der Mensch nur in der REM-Phase des Träumens mächtig sei. Probanden, die die Rapid-Eye-Movement-Methode sehr gut ausführen, können nach vorheriger Absprache im Wachzustand ihre Augen kontrolliert bewegen. Schläft die Testperson und werden die Anforderungen der Labormaßstäbe auch wirklich als Traum erfüllt, zählt das als Beweis für luzides Träumen.

Methoden zum Erlernen der luziden Träume

Nach viel theoretischer Grundlage und wissenschaftlichen Ausführungen wird es Sie bestimmt brennend interessieren, wie man Klarträumen erlernen kann. Hierbei gibt es unterschiedliche Methoden und Techniken. Doch eines vorweg: Nur durch ständiges Üben kann es Ihnen gelingen, Ihre eigenen Träume zu produzieren. „Übung macht den Meister!", wie ein altes Sprichwort verlauten lässt.

IN FÜNF SCHRITTEN ZUM KLARTRÄUMEN

1. Notizen erstellen

Um mit dem luziden Träumen zu beginnen, sollten Sie erst einmal Vorarbeit leisten. Legen Sie sich ein Traumtagebuch zu. Dadurch machen Sie sich bewusst, was Sie alles geträumt haben. Gleichzeitig trainieren Sie damit Ihr Traumgedächtnis. Sie werden mit Sicherheit feststellen, wie der Tagesablauf Ihre Träume nachts beeinflusst, und bekommen ein Gespür dafür, wie stressig und hektisch Ihr Leben sich vielleicht gestaltet. Schreiben Sie alles auf, wiederkehrende Momente, die gleichen Gegenstände, Tiere, Menschen, dadurch trainieren Sie Ihre Achtsamkeit. Sie können nach jedem Traumbericht eine Seite frei lassen, um später beim Üben die Chancen zu verbessern. Empfehlenswert ist es, vor dem Schlafen noch einmal das Traumtagebuch durchzugehen.

Tipp: Erstellen Sie sich eine Traumzeichenliste! Dies kann alles sein: Tauchen in Ihren Träumen häufig

Raben auf, schreiben Sie diese auf die Liste. Das hat den Vorteil, auch in anderen Träumen auf diese Symbole zu achten, was wiederum das Traumgeschehen erhöht. Wenn Sie täglich diese Abläufe durchgehen, wird Ihr Traumfokus innerhalb der ersten Woche schon deutlich ausgeprägter sein. Der bekannte Traumforscher, Stephen LaBerge, der in diesem Ratgeber schon erwähnt wurde, kategorisiert die Traumzeichen in vier Bereiche: **Inneres Bewusstsein (**skurrile Gedanken, Emotionen oder Wahrnehmungen finden in Ihrem Traum statt), **Aktion** (z. B. trotz in die Pedale des Fahrrads zu treten, kommen Sie nicht vorwärts), **Form** (Orte, Personen, Gegenstände sehen seltsam aus) und **Kontext** (z. B. ein riesiger Tsunami taucht auf dem Festland auf und rollt auf Ihr Haus zu). Um das Traumtagebuch noch detaillierter zu führen, können Sie Ihre Traumzeichen in die vier Kategorien einteilen.

2. Reality-Checks

Wie unterscheidet man den wachen Zustand vom Traumzustand? Durch Reality-Checks!

Eine Reality-Check-Methode ist die Möglichkeit, den **Atem zu überprüfen**. Mit geschlossenem Mund und zugehaltener Nase ist ein Durchatmen im Wachzustand nicht möglich. Im Traum jedoch schon, da dort das Unterbewusstsein die Steuerung der Atmung übernimmt.

Des Weiteren gibt es noch den **„Hüpf-Test"**. In der Realität landet man sehr schnell wieder auf dem Boden, im Traum befindet man sich im Schwebezustand.

Der Hand-Test: Hände können im Traum mehr oder auch mal weniger als fünf Finger haben. Überprüfen Sie Ihre Hände und zählen Sie die Finger.

Dann gibt es noch den **Lichtschalter-Realitätstest**: Funktionieren er oder auch andere technische Geräte einwandfrei?

Noch eine Möglichkeit sind **Gegenstände**: Können Sie durch Wände gehen, durch Spiegelflächen greifen?

Ein sehr guter Reality-Check ist das **Lesen**: Bleibt der Schriftzug beim Lesen unverändert? Ergibt der Inhalt Sinn? Wörter und Buchstaben verändern sich nämlich im Traumgeschehen.

Auch das **Überprüfen der Uhrzeit** ist ein sehr guter Test.

Vielleicht finden Sie die Realitätsüberprüfungen absurd. Sie gewinnen aber im Laufe der Zeit, wenn Sie oft in luzide Träume abtauchen, große Bedeutung. Im Traum ist der Teil, der für die Logik zuständig ist (der präfrontale Cortex), nicht aktiv. Der Mensch verarbeitet aber in seinen Träumen Dinge, Situationen aus dem

Alltag. Die Reality-Checkliste, die Sie zuerst im Wachzustand durchgehen, werden Sie auch im Traum brauchen, um festzustellen, ob Sie gerade träumen oder wach sind. Das Gehirnareal, das für Logik zuständig ist, wird angeregt, man erwacht im eigenen Traum und führt nun Regie darüber.

Das Überprüfen sollten Sie nicht nur abends im Bett durchführen, sondern auch tagsüber. Immer dann, wenn Sie mit Ihren Traumzeichen konfrontiert werden. Wenn Ihnen zum Beispiel häufig Katzen als ein Traumzeichen über den Weg laufen, weil Sie durch die Notizen in Ihrem Traumtagebuch festgestellt haben, dass sie oft in Ihren Traum Einzug halten. Durch diese ständigen Reality-Checks, die Sie dann auch im Traum durchführen, fällt es leichter, den luziden Traum zu beginnen.

Ausreichend Schlaf ist wichtig, um durch die Realitätsüberprüfungen in den luziden Traum überzugehen. Je länger und besser Sie schlafen, desto ausgedehnter werden die Träume, und umso kürzer die Traumabstände. Etwa zehn Minuten lang ist der erste Traum. Bei einer Schlafdauer von acht Stunden kann sich ein Traum bis auf 45 Minuten ausweiten.

Tipp: Im Bestseller von Stephen LaBerge „Exploring

The World Of Lucid Dreaming" empfiehlt er, einen Plan zum Durchführen der Checks zu erstellen. Sie schreiben sich gezielt Situationen auf: ein Hund, ein blaues Auto, ein Stoppschild usw. Morgens überlegen Sie sich, welchen Zeichen Sie an diesem Tag achtsam begegnen wollen, zusätzlich zu den Traumzeichen. So schaffen Sie es, Ihre Erinnerung zu konditionieren, falls es passiert, dass Sie im Traum den Reality-Check vergessen sollten.

3. Der Effekt mit dem Wecker

Der Wecker ist ein effektives Hilfsmittel, um den Wachzustand möglichst dicht mit dem Traumzustand zu verbinden. Sie können für sich selbst entscheiden, wann der Zeitpunkt am besten ist. Jedoch sollte der Zeitraum nicht länger als fünf Stunden betragen. Werden Sie dann vom Klingeln geweckt, ist es ganz wichtig, den Traum so detailliert wie möglich in Ihr Traumtagebuch zu schreiben.

Falls Sie Bedenken haben, nicht wieder einschlafen zu können, keine Sorge, das wird gelingen. Sie möchten Ihren Realitäts-Check im nächsten Traum ja anwenden, um festzustellen, dass Sie eingeschlafen sind und sich im luziden Traum befinden. Der Erfolg hängt auch davon ab, wie oft sie die täglichen

Realitätsüberprüfungen absolvieren.

4. Entspannen

Nun liegen Sie im Bett und kommen in die Entspannungsphase. Fokussieren Sie sich auf Ihren Atemrhythmus und auf Ihren Körper. Die Kunst liegt daran, sich ruhig und bewegungslos zu verhalten, aber den Geist noch wachzuhalten. Sie spüren, wie Sie immer tiefer in Ihre Unterlage sinken, Ihr Körper fühlt sich zunehmend schwerer an. Alles deutet auf die Schlaflähmung hin. Konzentrieren Sie sich weiter auf Ihre Atmung, nicht ablenken lassen.

Tipp: LaBerge beschäftigte sich in einem seiner Bücher mit Entspannungstechniken, die an 61 Punkten am eigenen Körper durchgeführt werden (angefangen am Kopf). Die Techniken sollen den Übergang ins Klarträumen erleichtern. Ursprünglich stammt die Entspannungstechnik aus dem Traumyoga.

5. Die Kraft der Vorstellung

Als fünfter Punkt gilt es jetzt, mit der eigenen Vorstellungskraft das Klarträumen weiter zu trainieren. Machen Sie sich noch einmal bewusst, dass Sie die erste Traumphase durchlebt haben, der Wecker im Fünf-

Stunden-Rhythmus von Ihnen gestellt wurde und Sie den letzten Traum im Tagebuch aufgeschrieben haben. Gedanklich bereiten Sie sich auf die anstehenden, verschiedenen Reality-Prüfungen vor. Nun gilt es, mit der eigenen Vorstellungskraft den Übergang ins luzide Träumen zu meistern. Suchen Sie sich einen bestimmten Raum, einen Gegenstand oder ein Traumzeichen aus, welches Sie mit Ihrer Vorstellungskraft visualisieren wollen. Wichtig dabei ist nicht, welches Objekt Sie sich vorstellen, sondern wie detailliert und stark Ihr Wille ist, den ausgesuchten Gegenstand zu visualisieren. Vergessen Sie alles andere um sich herum, konzentrieren Sie sich nur auf Ihr Objekt. Sobald Sie merken, dass der Gegenstand oder Raum wirklich erscheint, sind Sie in Ihrem Klartraum eingetreten. Nun können Sie mit den Realitätsüberprüfungen beginnen.

Sie werden feststellen, dass diese fünf Schritte in den nachfolgenden Techniken immer wieder im Baukasten Prinzip bei der jeweiligen Methode eingesetzt werden. Es gibt inzwischen einige Klartraum-Techniken, die sich nur durch kleine Veränderungen bei der Ausführung unterscheiden.

DIE MILD-TECHNIK

Mit der **„Mnemonic Induction of Lucid Dreaming"** machen Sie sich beim Einschlafen immer wieder bewusst, dass Sie sich erinnern, dass Sie träumen werden. Diese gedankliche Autosuggestion könnte zum Beispiel lauten: „Ich werde mich im Traum daran erinnern, einen Traum zu haben." Im Traum werden Sie sich dann daran erinnern, dass Sie sich in einem Traum befinden. Auch bei der MILD-Technik kommen Reality-Checks ins Spiel. Während Ihres Tagesablaufes sollten Sie diese immer wieder durchführen und sich die Frage stellen, ob Sie träumen oder wach sind. Stellen Sie sich dann intensiv vor, wie es wäre, wenn Sie jetzt im Traum wären. Ein gutes Traumgedächtnis ist auch hier ein gutes Werkzeug.

In der Umsetzung sieht das Ganze dann wie folgt aus:
1. Nachdem Sie intensiv geträumt haben und wach geworden sind, sollte Ihr Geist so aufgeweckt sein, dass Sie sich den Traum detailliert im Gedächtnis abspeichern. Ihr Verstand muss dafür vollkommen wach sein.
2. In der nächsten Einschlafphase denken Sie daran, dass Sie beim nächsten Traum einen Traum haben

werden. Visualisieren Sie Ihren vorherigen Traum und speichern Sie ihn als Traum ab. Traumzeichen einzubauen, zum Beispiel Fallen, Verirren, Fliegen, können dabei helfen. Sagen Sie Ihr Mantra: „Ich werde mich im Traum daran erinnern, einen Traum zu haben."

Die letzten beiden Ausführungen wiederholen Sie immer und immer wieder, bis Sie eingeschlafen sind, jetzt sollten Sie im luziden Traum eingestiegen sein.

DIE NILD-TECHNIK

Die **„Nap-Induced Lucid Dream"** unterscheidet sich im Ablauf etwas zu den anderen Techniken. Hierbei geht es darum, den Wachzustand und den Schlafzustand effektiv zu nutzen. Das Besondere: Waren Sie bereits im Tiefschlaf und wachen dann auf, steigen Sie am besten aus dem Bett und bleiben Sie für ein bis zwei Stunden auf den Beinen. Anschließend legen Sie sich wieder ins Bett. Diese Technik eignet sich am effektivsten, um Klarträume hervorzurufen. Um wieder einschlafen zu können, ist es hilfreich, die WILD- oder die MILD-Technik anzuwenden. Hauptsache, das Bewusstsein ist noch aktiv, bevor der Klartraum eingeleitet wird. Jetzt gilt es, für **fünf bis sechs Stunden** zu schlafen, um danach wieder **eine oder zwei Stunden**

wach zu sein.

Die optimale Schlafphase herauszufinden, bedarf, wie bei allen Techniken, ein wenig Übung. Die einen sind der Meinung, nach sechs Stunden Schlaf könne man besser einschlafen als nach fünf Stunden. Während der wachen Phase sollten Sie sich aber ruhig beschäftigen, zum Beispiel mit dem Lesen eines Buches.

DIE WBTB-TECHNIK

Bei der **„Waking Back To Bed"-Technik** kommt abermals der Wecker ins Spiel – ein praktisches Hilfsmittel. Die Schlafphase sollte nach vier bis fünf Stunden unterbrochen werden. Danach bleiben Sie in etwa 30 Minuten wach und führen einige Realitätsüberprüfungen durch. Verlassen Sie dabei ruhig das Bett. Legen Sie sich nach der halben Stunde Pause wieder ins Bett und erschaffen Sie ein Mantra, was wie folgt klingen könnte: „Mir ist bewusst, dass ich gleich träumen werde." Mit diesem fixen Gedanken schlafen Sie ein. Aufgrund der halbstündigen wachen Sequenz erhöht sich die Traumbereitschaft und damit die Aussicht, dass Ihr Traumbewusstsein aktiviert wird. Die WBTB-Methode ist besonders gut für unerfahrene Klarträumer geeignet.

DIE UILD-TECHNIK

Eine etwas amüsante Technik, die auch mit Reality-Checks kombiniert wird, ist die Harndrang-Methode (UILD). Sie hatten sicherlich schon öfter das Gefühl, während der Schlafphase Ihren Toilettengang in den Traum zu integrieren. Falls dieses der Fall ist, kommt Ihnen die Anwendung vielleicht zugute. Führen Sie die täglichen Checks immer dann aus, wenn Sie die Toilette besuchen. Bevor Sie dann abends ins Bett steigen, trinken Sie ruhig mehr als sonst, um den Harndrang zu erhöhen. Verspüren Sie im Traum das Bedürfnis, das „stille Örtchen" aufzusuchen, bauen Sie nun den Reality-Check ein.

DIE WILD-TECHNIK

„**Wake Induced Lucid Dream**" bedeutet, Sie gehen von dem Wachzustand in den luziden Klartraum über. Eine nicht unbedingt für Anfänger geeignete Methode, es sei denn, Sie haben schon Erfahrung im Meditieren, was hierbei äußerst hilfreich ist. Ursprünglich stammt diese Technik aus dem tibetanischen Traumyoga, die als eine spirituelle Methode angesehen wird: der Weg zur Erleuchtung, die Lehren von Buddha.

Diese Technik bietet jedoch zwei Vorteile:

1. Es sind Klarträume auf allerhöchstem Niveau.

2. Sie entscheiden, wann Sie klarträumen wollen.

Wenn Sie Ihren Körper gut kennen, wissen Sie, wann der Schlafmodus bei Ihnen anfängt. Diese Schlafsignale nutzen Sie, um mit dem luziden Träumen zu beginnen.

VORAUSSETZUNGEN:

Ein sehr gutes Gespür für Ihren Körper!

Sie sollten feine Antennen besitzen und auf die Signale zwischen Wach- und Schlafzustand achten. Kleine Veränderungen gilt es zu bemerken und dementsprechend zu reagieren. Fällt Ihnen das schwer, weiß der Körper, dass er sich noch im wachen Zustand befindet, dann funktioniert die WILD-Methode nicht.

Eine gute Vorstellungskraft!

Ihnen sollte es leicht fallen, Bilder vor Ihrem geistigen Auge zu erzeugen. Beim WILD treten hypnagoge Halluzinationen auf, in Form von Mustern, Bildern oder Farben. (Zur Erklärung: Hypnagogie ist ein Bewusstseinszustand, der beim Einschlafen oder beim Schlafen am Tag eintritt und halluzinierende Zustände erzeugt).

Insbesondere phosphatierende Muster treten hinter den geschlossenen Augen auf. Es gibt Menschen, denen fällt es schwerer, diese Muster zu erkennen.

Tipp: Mit sanftem Druck auf die geschlossenen Augen kann man nachhelfen. Versuchen Sie, sich auf die Muster zu konzentrieren, ohne dabei einzuschlafen, sondern in diesem „fließenden" Zustand zu bleiben. Wenn Sie sich noch tiefer in den hypnagogen Bewusstseinszustand hineinbegeben, kann sich Ihr Körper in einem Schwebezustand befinden. Alles wird leichter, **versuchen Sie, dabei aber nicht einzuschlafen**, der Verstand schaltet jedoch schon ab.

Es gilt, diesen schmalen Grat zwischen Schlaf und Wachsein beizubehalten, um klarträumen zu können. Sie sollten für absolute Dunkelheit, Ruhe und Stille sorgen! Nur so werden Sie nicht von Störfaktoren abgelenkt. Während dieses Zustandes werden vor Ihrem inneren Auge Traumbilder erscheinen, womöglich auch hypnagoge Bilder. Lassen Sie es einfach geschehen, egal, was für Bildnisse auftauchen. Hilfreich ist es auch, sich ein Mantra, auch Autosuggestion genannt, zu überlegen, zum Beispiel: „Ich bin am Träumen!" Versuchen Sie, dabei immer noch nicht ganz loszulassen und einzuschlafen. Es ist schwierig, aber mit ein wenig Übung werden Sie es sicherlich schaffen.

Möglich ist auch, dass sich Ihr Körper wie gelähmt anfühlt (die bereits erwähnte Skelettmuskulatur), was Sie nicht beunruhigen sollte. In diesem mentalen Zustand kann sich Ihr Körper schwerelos fühlen, als würde er sich von der Unterlage entfernen, entfremden. Der Geist beginnt nun, in die Traumwelt abzutauchen.

Traumsequenz erstellen!

Nun ist der Punkt erreicht, der Traumzustand ist da. Jetzt können Sie beginnen, die Startszene für den Klartraum zu beginnen. Falls es nicht gleich funktioniert, bleiben Sie einfach noch länger im hypnagogen Zustand und lassen Sie sich nicht entmutigen. Mit ein paar Übungseinheiten wird es sicherlich einmal klappen, um den luziden Traum beginnen zu können.

Es gibt nun zwei Möglichkeiten:

Die visuelle Methode

Die außerkörperliche Erfahrung.

Vielen fällt die Visualisierungsmethode leichter. Erschaffen Sie sich eine Traumlandschaft. Sie sind nun Produzent, Regisseur und Darsteller. Mit Ihrer Willensstärke sind Sie in der Lage, Traumbilder in Ihrer Hypnagogie zu erzeugen. Haben Sie Ihre Szene erschaffen, stellen Sie sich in Ihr „Bühnenbild".

Entdecken Sie Ihre Landschaft! Sie können sich bewegen, gehen, laufen, kriechen usw. Ziel ist es, den wirklichen Körper zu verlassen und in den Traumkörper schlüpfen.

Der Geist tritt in den visuellen Traum ein, der Körper schläft vollständig, ist entspannt und ruhig. Die eigene Existenz des Körpers sollte in Vergessenheit geraten. Sie haben in diesem Bewusstseinszustand keine Kontrolle über Ihren Körper. So etwas nennt man Dissoziation, die Trennung, in diesem Fall, des Körpers vom eigenen Ich. Sie sind nun vollständig in den Klartraum abgetaucht. Eine lebendige Welt, greifbar, dreidimensional. Alles erscheint deutlich, realistisch und klar in Ihrem luziden Traum. Um sicherzustellen, dass Sie die vollkommene Kontrolle über den Traum übernommen haben, vollziehen Sie den Realitätscheck. Äußern Sie Ihre Handlung, Sie behalten die Kontrolle über Ihren Klartraum.

Die außerkörperliche Erfahrung

Der Grat zwischen dem hypnagogen Zustand und dem tatsächlichen Einschlafen, bevor Sie den Klartraum erschaffen, ist schmal. Die hypnagogische Meditation behält die Oberhand, was aber nicht schlimm ist. Das Bewusstsein befindet sich noch im eigenen Schlafzimmer, mit dem Unterschied, dass Sie sich in Ihrem Klartraum-Schlafzimmer befinden. Es fühlt sich alles so real an, aber Sie befinden sich im Traumzustand.

Mit diesen Tipps können Sie überprüfen, ob Sie sich in einem WILD befinden:

Vibrationen

Sie nehmen eine Art Schwingung wahr oder ein lautes Surren. Es taucht plötzlich im Kopf auf, was Ihnen aber keine Angst bereiten sollte. Es ist das Anzeichen des Körpers, der sich kurz vorm Einschlafen befindet.

Schlaflähmung

Kurz bevor der Körper in die Schlafphase übergeht, tritt die Schlaflähmung ein, die REM-Schlaf-Verhaltensstörung. Es fühlt sich an, als wäre der Körper starr und unbeweglich. Das Gefühl ist beängstigend, deshalb können Sie auch jederzeit aussteigen und ein Körperteil bewegen, was sich nicht taub anfühlt, oder Sie lassen sich darauf ein, der Klartraum beginnt.

Präsenz

Durch Ihre Angst kann es passieren, dass in Ihrer Traumsequenz nicht die richtigen Inhalte „geladen" werden, weil Sie sich zu sehr mit der Schlaflähmung beschäftigen. Beruhigen Sie sich, denn Sie besitzen die Kontrolle über Ihre luziden Träume. Sie bestimmen die Charaktere!

Beginnen Sie mit dem luziden Träumen, sobald Sie merken, dass etwas passiert. Dass Sie aus dem Bett aufstehen können, ist eher unwahrscheinlich. Sie versuchen vielleicht aufzustehen, aber es funktioniert nicht. Durch Ihre Willenskraft ist es Ihnen aber möglich, aus dem physischen Körper zu schweben. Wie fühlt es sich an, aus dem Körper zu gleiten? Vielleicht fühlt es sich an, wie schwerelos im All zu sein oder im Wasser zu schweben? Durch diese Vorstellungskraft können Sie Ihren Körper von dem Lähmungsgefühl befreien. Oder Sie teleportieren sich in eine andere Szene in Ihrem Schlafzimmer, zum Beispiel in die Berge. Da Sie sich bereits im Klartraum befinden, übernehmen Sie die Kontrolle.

Wie bereits erwähnt, ist die WILD-Methode für Anfänger die schwierigste. Spirituelle Menschen, die bereits Erfahrungen im Meditieren gemacht haben, finden einen leichteren Zugang. Achten Sie auf Ihre Schlafsignale. Auch misslungene Versuche bringen Sie weiter. Binden Sie die nächtlichen Meditationsgewohnheiten in Ihren Alltag ein.

Die häufigsten Fehler: Entweder Sie schaffen es nicht, in die Entspannungsphase zu gleiten, oder Sie sind zu entspannt. Es gilt, diese Balance zu meistern.

Schätzungsweise erleben selbst von den erfahrenen Klarträumern nur 50 % bis 60 % die WILD-Methode.

Tipp: Es gibt Sounds, die zum luziden Träumen kreiert wurden. Hören Sie am besten 30 bis 60 Minuten diese geführten Meditationen. Es kann Ihnen helfen, den Geist und den Körper aufs Klarträumen vorzubereiten. Gleichzeitig fördert es die Konzentration, verringert Stress und steigert abstraktes Denken.

Üben Sie WILD, wenn Sie sich gut fühlen, nicht zu erschöpft, aber entspannt dabei sind. Ein Mantra hilft, die Traumvorstellung zu festigen.

WELCHE TECHNIK EIGNET SICH AM BESTEN FÜR MICH?

Welche Methode nun Ihren Bedürfnissen entspricht, müssen Sie ganz für sich allein herausfinden. Dabei spielen unterschiedliche Faktoren eine Rolle: Ihre Konzentrationsfähigkeit, die Lernbereitschaft, das Gespür, Ihren Körper wahrzunehmen, um nur ein paar Eigenschaften zu nennen. Grundsätzlich lässt sich aber sagen, dass die verschiedenen Methoden in „Wach-Klarträume" (WILD) und in "Traum-Klarträume" eingeteilt werden können. Beim luziden „Wachtraum" (WILD) versucht die Person, den Grat zwischen Einschlafphase und dem Übergang in die Traumphase mit dem Bewusstsein zu meistern. Diese Technik ist nicht unbedingt für Anfänger geeignet, da sie ein sehr hohes Gespür für den eigenen Körper und einen klaren Geist abverlangt. Jedoch sind Meditierende schon eher in der Lage, mit WILD luzide Träume verbuchen zu können. Für Neueinsteiger sind deshalb die „Traum-Klarträume" eine bessere Variante. Die Person fällt zuerst in den Schlaf, dann in die Traumphase und währenddessen stellt die Person mithilfe der Reality-Checks fest, dass sie träumt, und erlangt dadurch den Klartraum. Die hier vorgestellten Techniken beinhalten alle den Schritt der Realitätsüberprüfung.

Welche Gefahren birgt Klarträumen?

Prinzipiell lässt sich sagen, dass luzide Träume keine Gefahr darstellen. Menschen, die jedoch an einer psychischen Störung leiden, sollten aber vorsichtig sein und einen Therapeuten zurate ziehen. Treten bereits Schlafstörungen auf, können diese noch verstärkt werden, da mit einigen Techniken der Schlaf bewusst unterbrochen wird und der Körper gar nicht ins Stadium der Regeneration eintreten kann. Die Schlafstörungen nehmen zu, verstärkt durch Angstzustände, die zu einer depressiven Stimmung umschlagen können. Treten bei Ihnen psychische Störungen, wie Dissoziationen und Derealisationen auf, kann es sein, dass Sie den Bezug zur Realität komplett verlieren. Sie fühlen sich von sich selbst und der Umgebung entfremdet.

Vorteile des luziden Träumens

Neben den Gefahren ist der Fokus, sich mit den Vorteilen des luziden Träumens zu befassen, aber umso größer.

<u>Stressreduzierung</u>

In Träumen verarbeiten wir prägende Alltagssituationen oder auch Ereignisse, denen wir vielleicht gar keine Beachtung geschenkt haben. Das liegt daran, dass im Traum die Emotionen und Gefühle noch einmal intensiv durchlebt werden. Klarträume können zum Beispiel bewirken, mit Angstzuständen besser umzugehen. Leiden Sie unter Prüfungsangst, können Sie solch eine Situation bewusst erzeugen, um die Angst zu mindern, was weniger Stresshormone auslöst. Müssen Sie einen Vortrag halten, können Sie die Rede im luziden Traum üben, was wiederum Ihr Selbstbewusstsein und Ihr Vertrauen in die eigenen Fähigkeiten pusht.

Konflikte lösen

Mithilfe des Traumtagebuchs erfahren Sie mehr über Ihre Traumzeichen und deren Bedeutung (s. Kapitel Traumdeutung). Vieles wird im Unterbewusstsein verarbeitet, weshalb daraus Rückschlüsse auf den Alltag gezogen werden können. Lernen Sie, die Träume zu deuten, interpretieren Sie deren Bedeutung und verstehen Sie, wie Sie Ihre eigenen Konflikte, aber auch die zwischenmenschlichen, lösen können.

Körperliches und geistiges Training

Wenden Sie luzide Träume regelmäßig an, können Sie dadurch Ihre motorischen und geistigen Fähigkeiten optimieren. Um im Traum motorische Fähigkeiten zu verbessern, wird dafür der Teil des Gehirns im Traum aktiviert, der für die Sensomotorik zuständig ist. Nur durch Vorstellungskraft kann der Bewegungsfluss im realen Leben gesteigert werden. Bei den geistigen Fähigkeiten sähe das wie folgt aus: Steigerung der Konzentration, erhöhte Leistungsfähigkeit, Verbesserung des Denk- und Erinnerungsvermögens oder auch ein sensibleres Gespür, Dinge und Situationen im Alltag bewusster wahrzunehmen, sind nur einige Beispiele.

Spaßfaktor

Wenn Sie die Kunst des Klarträumens beherrschen, sind Ihrer Fantasie keine Grenzen gesetzt. Sie dürfen durch Ihre Traumwelt wandeln, wie es Ihnen gefällt, Dinge tun, die Sie schon immer einmal erleben wollten. Der Traum vom Fliegen zum Beispiel, sexuelle Fantasien ausleben, mit berühmten Persönlichkeiten über das Leben philosophieren und unendlich mehr. Viele Menschen wachen am Morgen mit einem Glücksgefühl auf. Mit diesem positiven Gefühl lässt sich viel besser in den Tag starten, was Ihre Laune erheblich steigern sollte. Ihre Gesundheit wird es Ihnen ebenfalls danken, gelassener und ausgeglichener zu sein und stressresistenter zu werden.

Kreativität

Kreative Menschen sind häufiger in der Lage, luzide Träume hervorzurufen. Durch ihre gesteigerte, geistige Fähigkeit fällt es ihnen leichter, in einen Klartraum einzutauchen. Andersherum berichten luzide Träumer, dass sie dadurch ihre Kreativität besser entfalten können.

Der amerikanische Autor und Erfinder Raymond Kurzweil sagte in einem Interview, dass er nach dem Aufwachen Notizen über Aufgaben oder mögliche Probleme erstellt, sich dann wieder schlafen legt und durch die luzide Technik in die REM-Phase einsteigt. In seinem Klartraum findet er Lösungsmöglichkeiten zum Bewältigen der Aufgaben und Probleme. Er vertritt die These, jede Idee kann zur Lösung des Problems beitragen, und das passiert in seinem erzeugten Klartraum im Kopf.

Welche Rolle spielt die Einnahme von Substanzen?

Vielleicht werden Sie sich zwischendurch gefragt haben, inwieweit man das Klarträumen durch die Einnahme von Substanzen fördern kann, um die Traumerinnerung, die Häufigkeit oder den Schlafablauf zu beeinflussen. Jedoch ist der Wirkungsgrad vieler Substanzen und deren Nebenwirkungen bis heute nicht ausreichend erforscht. Lediglich die Aussagen der einzelnen Konsumenten und deren Erfahrungsberichte lassen Rückschlüsse auf die Wirkung durch Substanzen darauf zu.

Zu diesen Mitteln zählen: Caela Zacatechichi, eine pflanzliche Substanz, daneben gibt es die Traumwurzel, die Juckbohne, die Passionsblume, Traumkraut, Johanniskraut, Damiana (Turnera diffusa), Baldrian, Hanfsamen, Beifuß und Mohn. Zu der Gruppe der Aminosäuren gehören zum Beispiel Arginin, Tryptophan, Tyrosin und Phenylalanin. Auch die Einnahme von Vitamin B1, B3, B5 und B12 kann förderlich sein, während Melatonin, das Schlafhormon, den Einschlafprozess fördert.

Grundsätzlich lassen sich die Mittel in unterschiedliche Kategorien aufteilen:

Intensiveres Traumerlebnis

Nach dem Aufwachen soll die Substanz ein erhöhtes Erinnerungsvermögen und ein detaillierteres Traumgedächtnis bewirken.

Klarträume hervorrufen

Dazu zählen Mittel, die die Häufigkeit steigern sollen, einen luziden Traum zu erfahren. Die bewusstseinserweiternde Substanz soll den Botenstoff Acetylcholin im Gehirn anregen, ein Neurotransmitter des peripheren Nervensystems.

REM-Phase unterdrücken

Wie bereits im Kapitel über die REM-Phase beschrieben, erlebt man diese ca. vier bis fünfmal in der Nacht. Mithilfe einiger Substanzen ist es möglich, den REM-Schlaf zu unterdrücken (der REM-Rebound-Effekt), um dann in der gleichen oder darauffolgenden Nacht die Chance auf einen Klartraum zu erhöhen und diesen länger zu durchleben.

Traumereignisse beeinflussen

Einige Mittel besitzen die Eigenschaft, den eigenen Charakter im klaren Traum zu bestärken (z. B. mutiger zu sein). Außerdem haben sie Einfluss auf den Verlauf des Traumes, deren Entwicklung, die Wahrnehmung und das eigene Denken.

Wie bei allen Substanzen, die über einen längeren Zeitraum regelmäßig konsumiert werden, sollten Sie darauf achten, nicht in die Abhängigkeit zu rutschen. Der Körper kann zunehmend eine Toleranz gegen das Mittel entwickeln, wie es zum Beispiel bei einem alkoholkranken Menschen der Fall ist. Um einen gewissen Pegel zu erreichen, muss er stetig mehr konsumieren, ein Teufelskreis. Genauso ist es bei Bewusstseins-steigernden Mitteln. Je häufiger Sie die Mittel anwenden, desto eher kann es passieren, dass die Dosis aufgestockt werden muss, weil überhaupt kein Effekt mehr stattfindet.

Deshalb sollten Klarträumer sehr gewissenhaft mit diesen Substanzen umgehen, um nicht in die Sucht nach dem Klartraum zu geraten. Folgende Punkte gilt es deshalb immer zu berücksichtigen:

- Vor der Einnahme einen Arzt konsultieren
- Der Zeitpunkt der Einnahme
- Einnahme: Häufigkeit, Dauer, Toleranzentwicklung
- Nebenwirkungen (Wechselwirkung mit anderen Mitteln)
- Abhängigkeit/ Sucht nach Klarträumen.

Shared dreams – gemeinsam träumen

Luzide Träume – Jeder träumt einzeln, oder doch nicht? Es gibt auch noch die Möglichkeit des „Shared Dreams", den Traum mit anderen teilen.

Die Wissenschaft ist sich noch nicht einig und lässt noch Zweifel zu. Es gab zwar in den Sechzigerjahren in einem Schlaflabor in Brooklyn einen Versuch, ob die Teilnehmer per Traumtelepathie miteinander verbunden waren, doch in einem weiteren Versuch lieferte das Experiment kein zufriedenstellendes Ergebnis. Eine Erklärung, warum die Trauminhalte zum Teil gleich waren, ist, dass die Teilnehmer vorher ähnliche Situationen erlebt hatten.

Da es keine wissenschaftlichen Erklärungen für „shared dreaming" gibt, es aber trotzdem praktiziert wird, wäre eine plausible Möglichkeit, dass der Klarträumer den anderen Träumenden einen Zutritt zu seinem Traum bereitstellt, oder aber, es findet ein telepathischer Austausch statt. Den Zutritt zur Traumwelt können sich die anderen Träumer zum Beispiel verschaffen, indem sie über das morphogenetische Feld miteinander in Kontakt treten.

Kennen sich die Personen dazu noch gut, dürfte dies den Erfolg des gemeinsamen Träumens erhöhen, da sie im realen Leben generell mehr Zeit miteinander verbringen, intensiver miteinander verbunden sind als mit nicht nahestehenden Menschen. Tauschen sie sich vorher über ihre Träume aus, fällt es umso leichter, mit dem anderen in Verbindung zu treten. Auch Traumzeichen, die der Klarträumer vorab festlegt und den anderen Träumenden in seiner Traumwelt mitteilen möchte, steigern das gemeinsame Traumerlebnis.

In „Traumforen" findet man Fallbeispiele von Teilnehmern, die sich bereits im Traum getroffen haben.

Im „Dreamviews"-Forum gibt es ein bekanntes Beispiel von zwei Mitgliedern. Diese trafen sich regelmäßig in ihren Klarträumen. Sie trugen gemeinsame Kämpfe gegen andere Träumer aus und bauten sich in ihrem luziden Traum eine Raumstation-Basis auf dem Mond.

Traumdeutung

Ein sehr spannendes und komplexes Thema ist die Traumdeutung, auch Oneirologie genannt, fast so alt wie die Menschheitsgeschichte selbst. Unsere Vorfahren waren der Überzeugung, die Geister der Toten oder Götter würden uns damit heimsuchen. In der Psychologie ist das Thema eines der komplexesten. Zur Traumdeutung zählen unterschiedliche Methoden, um die Bilder, Erlebnisse und Gefühle deuten zu können. Sei es für religiöse, neurobiologische, anthropologische oder psychologische Zwecke. Warum träumt man die seltsamsten oder komischsten Dinge, die in der Realität manchmal einfach keinen Sinn ergeben würden? Welche Botschaft steckt dahinter?

TRAUMDEUTUNG IN DER MENSCHHEITSGESCHICHTE

Die Traumdeutung liefert viele Hinweise über die eigene Person, wenn sie denn richtig entschlüsselt wird und Sie auch ein Interesse daran haben, was hinter Ihren Träumen steckt. Sie liefert Erkenntnisse über Ängste, Emotionen, Bedürfnisse und das Unterbewusstsein, welches eine große Rolle bei der Verarbeitung des Erlebten spielt. Wie bereits bei den Abläufen des Klarträumens erwähnt, ist ein wichtiges Element das Führen eines Traumtagebuchs. Dieses ist auch für die Deutung der Träume existenziell. Über einen längeren Zeitraum werden Sie bestimmt Muster, Traumzeichen und wiederholende Träume erkennen. Notieren Sie dazu auch, welche Situation, Emotion und welches Zeichen überwogen hat. Nur so lässt sich feststellen, was der Traum Ihnen damit sagen möchte. Welche Lösungsoptionen lassen sich in den Trauminhalt hineininterpretieren? Befinden Sie sich zum Beispiel an einer Türschwelle und zögern Sie, diese zu übertreten? Befinden sich in Ihrer Wohnung Menschen, die Sie nicht leiden können? Das alles könnte darauf hindeuten, dass Sie keine klaren Grenzen setzen.

Träume sind ein Ausdruck der Kommunikation, damals wie heute. Vor tausenden von Jahren träumten die Menschen bereits in ihren Träumen, Kontakt mit verstorbenen aufzunehmen. Geister erschienen und traten in Verbindung mit den Lebenden. Daher stammt auch der Begriff „Alptraum". „Alp" steht für ein teuflisches, dämonisches Wesen, das nachts den Schlafenden heimsucht und sich auf deren Brust niederlässt und dadurch schlimme Träume verursacht.

Die Kultur der Schamanen räumt dem Traum einen hohen Stellenwert ein. Die Schamanen sehen den Traum als eine Brücke zwischen der Wirklichkeit und dem Jenseits. Durch ihre Rituale, die mit bewusstseinserweiternden Trancezuständen bis hin zur Ekstase erzeugt werden, verbindet sich der Schamane mit der Geisterwelt.

In der Antike trennten die Menschen nichtssagende Träume von existenziellen. Nach der griechischen Mythologie erklärt Penelope Odysseus den Unterschied zwischen erfüllenden und nicht erwähnenswerten Traumzeichen: der Traum von Elfenbein und Horn beispielsweise. Während das Traumsymbol Elfenbein am Tor für erfüllende Träume steht, steht das Symbol Horn am Tor für einen nichtigen Traum. Doch

Penelope schätzt ihre Traumdeutung falsch ein. Odysseus war auf Reisen. Penelope träumte einmal, ein Adler würde die Gänse im Palast angreifen und sie als Beute mitnehmen. Sie schenkte dem Traum aber keine Bedeutung. Als Odysseus heimkehrte, sah er Penelopes Verehrer, die sich wie Gänse „mästen" ließen und warf sie aus dem Palast.

Im antiken Griechenland war „Traumdeutung" ein angesehener beruflicher Status. Traumdeuter waren am Hofe der mächtigen Herrscher angestellt und mussten die Träume ihrer Befehlsherren zu deuten wissen. Dabei riskierten sie oft Kopf und Kragen, denn schließlich lag es im Ermessen des Herrschers, ob ihm die Interpretation gefiel oder nicht.

Artemidor, der berühmteste griechische Traumdeuter der damaligen Zeit, stellte sogar die Behauptung auf, die Seele sei ausschlaggebend für Träume und gab ihr einen größeren Stellenwert als die der Götter. Außerdem wurden Träume in körperliche Bedürfnisse wie Durst, Hunger und Schlafen unterteilt und Träume, die einen emotionalen Inhalt hatten. Artemidor war mit seinen Erkenntnissen seiner Zeit weit voraus. Er war der Meinung, dass man als Traumdeuter die Person ganzheitlich betrachten sollte. Ihren Bildungsstand, Besitz, körperliche Verfassung und

Lebensalter dabei einfließen lassen sollte.

Auch in der ägyptischen Kultur sowie Babylon genoss der Traumdeuter großes berufliches Ansehen. Sie wandten in ihren Interpretationen immer eine „Wenn-dann"-Erklärung an. Ihre Meinung dazu war, dass Träume einer übernatürlichen Macht entsprangen und dass alles an eine schicksalhafte Fügung gebunden ist.

DER PSYCHOANALYTIKER SIGMUND FREUD

„Der Traum ist der Königsweg unserer Seele." Ein berühmtes Zitat des wohl einflussreichsten Psychoanalytikers des 20. Jahrhunderts. Die Rede ist vom Arzt Sigmund Freud. Er prägte mit seinen Traumanalysen maßgeblich Kunst, Literatur und Philosophie. Berühmte Persönlichkeiten nahmen auf seiner Couch Platz. Mit seinem 1900 erschienen Buch: „Die Traumdeutung", welches international ein Bestseller wurde, war der Name Sigmund Freud in aller Munde.

Ein Traum, der Freud maßgeblich beeinflusste, passierte in der Nacht am 23. Juli 1895. Die Erlebnisse ließen ihn nicht los und er beschäftigte sich mit Träumen und deren Bedeutung. Er sammelt Traumbilder seiner Patienten und versuchte, diese zu analysieren.

Seine These: In Träumen sind geheime Wünsche und Sehnsüchtige versteckt. Das Unterbewusstsein verarbeitet Erlebnisse und verpackt sie in Traumbilder mit symbolischem Charakter. Er vertrat die Annahme, dass „Tagesreste", Bewusstseinsinhalte und Langzeitgedächtnis sich im Traum vermischen, ohne Beeinflussung durch Zeit und Raum im Wachbewusstsein. Sigmund Freund und sein Kollege Carl Gustav Jung hatten jedoch unterschiedliche Ansichten, was die Traumanalyse betraf. Für Jung traf Freuds These nicht zu, dass Träume nur geheime Botschaften enthielten, die das Unterbewusstsein verarbeitet und durch die Traumsymbolik zum Ausdruck bringen will. Die Symbole in den Träumen sollen nicht zerlegt werden, sondern mit einer ganzheitlichen Betrachtungsweise gesehen werden. Jung unterteilte die Träume in vier Kategorien: **die archetypischen Träume, die Wiederholungsträume, die kompensatorischen Träume und die präkognitiven Träume.**

TRAUMDEUTUNGEN IM 21. JAHRHUNDERT

In der heutigen Traumdeutung unterscheidet man zwischen individuellen Träumen und archetypischen Träumen. Die archetypischen Merkmale sind sogenannte Urmuster, die auf die Evolution zurückzuführen sind. Das Unterbewusstsein greift auf Informationen aus dem Stammhirn zu. Urtypische Traummuster, die bis an den Anfang der Menschheitsgeschichte zurückgehen, sind die natürlichen Instinkte, wie der Fluchtreflex, Bedrohung, Kampf, Angst. Ohne diese natürlichen Instinkte hätten unserer Vorfahren nicht überlebt. Auch in der Tierwelt wurden diese Traummuster schon nachgewiesen, Tiere haben demnach auch zum Teil lebhafte Träume. Vielleicht haben Sie dies schon bei Ihrem Hund oder Ihrer Katze beobachten können, wenn die Tiere im Traum zucken oder seltsame Geräusche von sich geben. Bei den menschlichen Träumen ist außerdem noch der kulturelle Einfluss zu berücksichtigen. Grundsätzlich wird vor der Traumdeutung unterschieden zwischen dem **latenten Traumgedanken und den manifesten Trauminhalten.**

DIE HÄUFIGSTEN TRAUMSYM-
BOLE

Fliegen

Eines der häufigsten Traumgeschehen handelt vom Fliegen. Fliegen Sie mit oder ohne Flügel? Brauchen Sie Hilfsmittel oder rudern Sie mit den Armen?

Schaffen Sie es **ohne Hilfsmittel**, spricht das für eine positive Zukunft, wozu Erfolg und Glück zählen.

Fliegen Sie mit dem Flugzeug, drohen Pläne zu scheitern, schaden Ihnen sogar.

In welcher Höhe befinden Sie sich und wie sieht die Traumlandschaft unter Ihnen aus?

Befinden Sie sich **in den Wolken**, deutet dies darauf hin, dass Sie sich Ihre Ziele zu hoch gesteckt haben.

Drohen Sie abzustürzen, erleben Sie bald eine Enttäuschung. Wachen Sie aber beim Fallen auf, wird sich alles zum Guten wenden. Fallen Sie bis zum Grund, werden Sie in böse Machenschaften hineingezogen.

Tragen Sie **schwarze Flügel** steht das Traumsymbol für Sorgen und Enttäuschungen.

Fliegen Sie über Meere und Länder, sehnen Sie sich nach grenzenloser Freiheit. Es deutet ebenso darauf hin, dass Sie sich Gedanken über Ihre Ehe machen und diese beenden möchten. Befinden Sie sich noch in

Bodennähe, plagen Sie demnächst Unruhe und sogar eine Krankheit. Sie werden die Krankheit aber überwinden. Sehen Sie eine zerrüttete Landschaft unter sich, signalisiert ein bevorstehendes Unglück.

Befinden Sie sich sogar **im Weltall**, bedeutet es keine gute Zukunft in Ihrer Ehe.

Bringt Sie Ihre Flugbahn **an Planeten vorbei**, weist das auf Kriege, Hunger und schlimme Zeiten hin.

Schweben Sie in Ihrem **Traum mit einem Luftballon durch die Lüfte**, bedeutet das, Ihre Wünsche werden in Erfüllung gehen.

Sehen Sie **jemand anderem beim Fliegen zu,** plagt Sie die Eifersucht.

Traumerlebnisse vom Fliegen treten sehr oft auf. In der Regel träumen mehr Männer als Frauen davon. Früher verband man die Träume vom Fliegen mit erotischen Ereignissen. Heute wird dem Traumbild eher ein überschätztes Selbstwertgefühl zugeordnet. Nicht umsonst landet man bei Höhenflügen irgendwann wieder auf dem Boden der Tatsachen. Der Fall beim hohen Fliegen ist vorprogrammiert.

Fallen

Diese Situation kennen Sie bestimmt auch: Fallen, womöglich im freien Fall. Diese Symbolik steht für Selbstzweifel, Unsicherheiten, ängstliche Gefühle und

bedeutet nichts Positives. Versagensängste, den An-
sprüchen nicht gerechnet zu werden, Veränderung, die
im Leben Probleme auslösen: Beim Fall ins Bodenlose,
können Zukunftsängste widergespiegelt werden.

Verfolgt werden

Auch Träume, die vom Verfolgt-Werden handeln, be-
deuten nichts Gutes. Auch hier spielen Probleme eine
Rolle, die Flucht davor oder innere Konflikte, mit denen Sie sich im Leben auseinandersetzen (müssen).
Wer verfolgt Sie? Kennen Sie die Person oder sind es
Fremde? Konnten Sie davonlaufen oder wurden Sie
eingeholt?

Versagen

Der typische Traum vor Versagensängsten. Sie nehmen das negative Gefühl des Versagens in dem Traum
mit, da Sie im Alltag panische Angst davor haben, den
Erwartungen und dem, zum Teil auch eigenen, Druck
nicht standhalten zu können.

Fremdgehen

Hat Sie dieser Traum schon einmal beschäftigt? In Ihrem Traumsymbol verarbeiten Sie versteckte Bedürfnisse oder Schuldgefühle, die nicht unbedingt etwas
mit dem eigenen Partner zu tun haben müssen. Vielleicht sind Sie mit Ihrer Beziehung nicht mehr

glücklich oder Sie haben schon mal über eine Trennung nachgedacht.

Streit

Konflikte aus dem Alltag begleiten Sie bis in den Traum. Sie streiten im Traum weiter, da Sie im Wachleben noch keine Lösung für Ihre Probleme gefunden haben. Sind Sie am Streit maßgeblich beteiligt, fühlen Sie sich in die Ecke gedrängt. Sind Sie nur Beobachter, befinden Sie sich möglicherweise in einer turbulenten Lebensphase.

Nacktheit

Sind Sie im Traum splitterfasernackt und haben damit keine Probleme, fühlen Sie sich im Leben wohl und gut. Sie sind mit sich im Reinen, streben Freiheit und Offenheit an. Schämen Sie sich aber oder Sie suchen verzweifelt Ihre Kleidung, da sie verschwunden ist, deutet das auf ein mangelndes Selbstwertgefühl hin oder die Angst, bloßgestellt zu werden.

Zu spät kommen

Haben Sie das Gefühl, im Traum erst gar nicht fertig zu werden, oder ist Ihr Weg mit Hürden verbunden? Sie sind in Ihrem Leben vielleicht mit Anforderungen überfordert. Im Traum verarbeiten Sie Ihre Ängste und Schuldgefühle, Chancen vertan zu haben oder andere zu enttäuschen.

Verirren

Vielleicht hatten Sie diese Traumsituation: Sie verirren sich auf dem Weg und kommen einfach nicht am Ziel an, Sie laufen orientierungslos umher. Dieses Traumsymbol verrät, in welcher seelischen Verfassung Sie sich befinden: Ihr Unterbewusstsein verarbeitet es gerade und zeigt eine innere Zerrissenheit. Sie befinden sich vielleicht an einem Scheideweg in Ihrem Leben. Interessant ist auch, ob Sie sich im Traum für einen Weg entscheiden und einen Ausweg aus der Situation finden. Das Traumsymbol steht für einen falschen Lebenswandel, der nicht zur eigenen Persönlichkeit passt.

Feuer

Träumen Sie vom Element Feuer, kann das unterschiedliche Bedeutungen haben. Das Traumzeichen ist eines der komplexesten in der Traumdeutung. Hier gilt es, sich so detailliert wie möglich an das Traumereignis zu erinnern. Handelte es sich um einen Brand, eine Flamme oder sogar eine Explosion? Welche Traumbilder tauchten auf? Passierte es bei Ihnen Zuhause? Was brannte? Es gilt, zwischen einem negativen oder positiven Symbol zu unterscheiden.

Ein Feuer nur zu sehen, bedeutet, dass es als Zeichen für Wohlstand steht.

Sind Sie sehr nah an am Brandherd, steht das für extreme Gefühle.

Ein kleines Feuer bedeutet gute Neuigkeiten.

Ein helles Feuer steht für Liebe und Freude im Familienkreis.

Entsteht der Brand zu Hause, signalisiert das nichts Negatives, im Gegenteil. Es bedeutet, dass Sie großartige Kinder und einen herzlichen Partner haben.

Sehen Sie dagegen **ein Haus brennen**, deutet das eine amtliche Strafe an.

Ein Feuer mit Rauch bedeutet, dass Unglück und Ärger anstehen.

Ein Feuer ohne Rauch dagegen symbolisiert, dass Ihre Leidenschaft gebändigt werden sollte.

Träumen Sie von einem **erloschenen Feuer,** steht das für baldige Trauer.

Entzünden Sie das Feuer, erwartet Sie eine positive Überraschung oder Sie bekommen Besuch von entfernten Freunden.

Geraten Sie in ein Feuer, widerfährt Ihnen großer Schaden.

Der Tanz um ein Feuer symbolisiert positive Überraschungen auf Ihrer Gefühlsebene.

Verbrennen Sie sich am Feuer, ist das ein Hinweis, dass sich Ihre Umstände verschlechtern.

Befinden sich **Menschen am Feuer,** bedeutet der Traum, Sie werden von anderen für deren Absichten missbraucht.

In der archetypischen Deutung symbolisiert Feuer starke Gefühle, Leidenschaft, viel Energie und Kraft. Bei der psychologischen Traumdeutung steht es für seelische Reinigung, Leidenschaft, Wandel, aber auch für Wut, Zorn, Frustration.

Wasser

Beim Element Wasser kommt es auch auf die genaue Symbolik an.

Sehen Sie **klares, helles Wasser** vor sich, stehen Erfolg, Gewinn und Glück ins Haus.

Sieht das Wasser dagegen **dunkel und trübe** aus, kündigt sich Kummer und Unglück an.

Träumen Sie davon, dass in **Ihrem Haus eine Überschwemmung droht**, steht das Zeichen für ein Laster, dem Sie schwer widerstehen können.

Fließt das **Wasser aus dem Haus** bedeutet es, dass Sie negativen Einflüssen nicht nachgeben sollten.

Falls Ihr Traumsymbole nicht aufgezählt wurden, finden Sie im Internet oder in Büchern über Traumdeutung zahlreiche weitere Zeichen.

Herstellung und Verlag:

BoD – Books on Demand, Norderstedt

ISBN: 9783753453262

© Mara Bronn 2021

1. Auflage

Kontakt: Psiana eCom UG/ Berumer Str. 44/ 26844 Jemgum

Covergestaltung: Fenna Larsson

Coverfoto: depositphotos.com